AF435438

Gente curiosa los Psiquiatras

Nombre Autor: Sigfrido Losada Torreiro

El 30% de los beneficios de la venta de este libro irán destinados a Amnistía Internacional y otras organizaciones no gubernamentales.

Dedicatoria:

Dedico esta modesta obra a los Psiquiatras : D. Enrique González Duro, por su crítica feroz a la psiquiatría de nuestro país especialmente la del anterior régimen y por su perspectiva humanista y profundamente conocedora de la humana condición, desde una sensibilidad que podemos calificar sin temor a equivocarnos de muy progresista y muy de izquierdas y al Psiquiatra Transpersonal D. Ramón Carballo Sánchez ,por su quehacer tan humano y tan empático y cercano y por su valentía intelectual a la hora de abordar campos de conocimiento no exentos de polémica como la Psicoterapia ,Psicología y Psiquiatría Transpersonales.

De nuevo a la Psicóloga heterodoxa Dª Paloma Cabadas cuyo serio trabajo durante años me ha influido positiva y fuertemente(y a Dª Ana Rico de Cursos Madrid).

Al psicólogo pionero de lo transpersonal en España D. Manuel Almendro quien posee ya una abundante obra bibliográfica en su haber de muy excelente calidad

A las profesoras de Psiquiatría estadounidenses Dª Elyn Saks y Dª Kay Redfield Jamison por su coraje y porque son un ejemplo de superación para tod@s especialmente para aquellas personas más golpeadas por la adversidad

A mi antiguo y excelente monitor de Yoga y Desarrollo y Superación Personales : D. Santiago Pazhin Lorenzo Sacco.

Al Psicólogo Transpersonal D. Iker Puente,

A la Profesora de Yoga y experta en Crecimiento Espiritual, Dª Mariana Caplan,

Al Profesor de Desarrollo Transpersonal D. Daniel Taroppio,

Al Etnobotánico italiano D. Giorgio Samorini,

Al Investigador del misterio y licenciado en Sociología D. Miguel Pedrero,

A la profesora holística y Transpersonal Dª Ana María González Garza,

Al Dr. Experto en terapia con psiquedélicos D. Richard Yensen,

Al Psiquiatra e Investigador del misterio D. José Miguel Gaona Cartolano,

Al médico Dr. Juan Javier Gervás Camacho,

A la Psicóloga y terapeuta Dª Amparo Arteaga León,

A Dª Helena Zapke (y a su pareja),artista polifacética y profesora de yoga,

Al Terapeuta Transpersonal D. José María Doria,

Y a D. Ramón Maciá Gómez, Dª Inche Mapuche Ñen Piwke,a Arauco Ancestral, a Dª Cyndia Saporito, a D. Miguel Jara crítico contra la big farma,Al Dr. D. Eneko Landaburu,A Dª Ana Garrido, valiente denunciadora de corrupción, A D. Dean Radin del Institut of Noetic Sciences, a

Zen Advaita , a Dª Gemma Menendez y al psicólogo D. Rafael Redondo Barba,A D. Antonio Hernández González, a Ishwara Saguna y a Dª Agata Sanz Hermida, profesora universitaria de Derecho y antigua compañera de colegio.y a Laura Bonaparte Bruchstein in memoriam

Citas:

**Artículo 19 :*

Todo individuo tiene derecho a la libertad de opinión y de expresión, este derecho incluye el de no ser molestado a causa de sus opiniones , el de investigar y recibir informaciones y opiniones ,y el de difundirlas, sin limitación de fronteras por cualquier medio de expresión.

Declaración universal de Derechos Humanos adoptada y proclamada por la Asamblea general de las Naciones Unidas en su resolución 217 A(III) del 10 de Diciembre de 1948.

** Juramento*

Hipocrático:

"Juro por Apolo médico, por Esculapio Higía y Panacea y pongo por testigos a todos los dioses y diosas, de que he de observar el siguiente juramento, que me obligo a cumplir en cuanto ofrezco, poniendo en tal empeño todas mis fuerzas y mi inteligencia.

Tributaré a mi Maestro de Medicina el mismo respeto que a los autores de mis días,partiré con ellos mi fortuna y los socorreré si lo necesitaren, trataré a sus hijos como a mis hermanos y si quieren aprender la Ciencia se la enseñaré desinteresadamente y sin ningún género de recompensa.

Instruiré con preceptos , lecciones orales y demás modos de enseñanza a mis hijos, a los de mi Maestro, y a los discípulos que se me unan bajo el convenio y juramento que determina la ley médica y a nadie más.

Estableceré el régimen de los enfermos de la manera que les sea más provechosa según mis facultades y mi entender EVITANDO TODO MAL Y TODA INJUSTICIA. no accederé a pretensiones que busquen la administración de venenos, ni sugeriré a nadie cosa semejante, me abstendré de aplicar a las mujeres pesarios abortivos.

Pasaré mi vida y ejerceré mi profesión con inocencia y pureza .no ejecutaré la talla, dejando tal operación a los que se dedican a practicarla.

EN CUALQUIER CASA QUE ENTRE NO LLEVARÉ OTRO OBJETIVO QUE EL BIEN DE LOS ENFERMOS ,ME LIBRARÉ DE COMETER VOLUNTARIAMENTE FALTAS INJURIOSAS O ACCIONES CORRUPTORAS Y EVITARÉ SOBRE TODO LA SEDUCCIÓN DE MUJERES U HOMBRES, LIBRES O ESCLAVOS.

Guardaré secreto sobre todo lo que oiga y vea en la sociedad por razón de mi ejercicio y que no sea indispensable divulgar,sea o no del dominio de mi profesión,considerando como un deber el ser discreto en tales casos.

Si observo con fidelidad este juramento,séame concedido gozar felizmente mi vida y mi profesión,honrado siempre entre los hombres,si lo quebranto y soy perjuro, caiga sobre mí la suerte contraria.

*"La Psicología es la tentativa de la humanidad de comprenderse a sí misma y todo nuestro conocimiento no es sino conocernos a nosotros mismos".

(Alexander Pope: "Ensayos sobre el hombre").

*"Si el cerebro del ser humano fuera tan sencillo que lo pudiéramos entender,entonces seríamos tan estúpidos que tampoco lo entenderíamos"

(Jostein Gaarder :"El mundo de Sofía").

*"Durante más de dos largos milenios ,la Psicología ha padecido un profundo desgarrio categorial, una ruptura ontológica y epistemológica que ha resistido hasta ahora la acción de todos los bálsamos que le han sido aplicados.el alma y el cuerpo,la mente y el cerebro,lo físico y lo mental,la conciencia y la conducta,la causación y la implicación,representan, entre muchas más,otras tantas maneras de rotular esa endémica escisión categorial que viene padeciendo el saber que profesamos.

(José Luis Pinillos,1985,pág.460).

NOTA DE ADVERTENCIA 1/:

Quien piense que las cosas están bien como están,que no lea este libro: en ocasiones ,la ignorancia y la inocencia son una bendición,aunque , a fin de cuentas, supongan vivir en la mentira y en el error,…, pero , quien tenga valor y quiera saber la verdad, que lea el libro , pero le advierto que después de leer estas páginas ya nunca verá a la Psiquiatría y al mundo de la misma manera.

NOTA DE ADVERTENCIA 2/:

En ningún momento pretendemos negar la utilidad e idoneidad de una Psiquiatría basada en la evidencia , en el escrupuloso respeto a los Derechos Humanos y al servicio de aliviar el sufrimiento del(os) pacientes por medio de distintos tipos de tratamientos, entre ellos y principalmente: psicólógico, farmacológico(cuando no haya otro remedio),…..,etc.

NOTA DE ADVERTENCIA 3/:

El autor: Sigfrido Losada Torreiro rehúsa cualquier responsabilidad como consecuencia de un mal uso o un uso irresponsable de las informaciones contenidas en este libro.

El autor recomienda que, las personas que estén tomando medicación psiquiátrica, lo sigan haciendo y tan sólo se planteen un cambio, una reducción de la misma o irla dejando paulatinamente, tras consultar y ser asesorados por psiquiatras profesionales expertos en su campo y bien formados y actualizados en Psicofarmacología,que puedan valorar la idoneidad o no, de dichas medidas.

Índice:

0-. PRÓLOGO/:

El presente libro, trata de poner en un solo lugar y, de modo
respetuoso para con la profesión de la Psiquiatría ,de abordar
una serie de perfiles inéditos, atípicos, extraordinarios y/o
polémicos de Psiquiatras célebres de ayer y de hoy.

El objetivo de esta obra no es otro que poner de relieve que
los Psiquiatras son seres humanos como los demás: es decir,
"de carne y hueso" y por ello ha habido psiquiatras con
grandes virtudes, pero también ha habido otros con errores
y no pequeños defectos.

Se trata de alguna manera de desmitificar la figura del
Psiquiatra al que –desde el modelo médico tradicional -se le
ve como un profesional "aséptico", único experto en la salud
mental de los pacientes y ver a estos profesionales desde su
lado humano y por tanto no tan perfecto, no necesariamente
siempre acertado. Una crítica profunda ,rigurosamente
argumentada con datos fehacientes, de la figura del
Psiquiatra del modelo médico tradicional, insistimos ,visto
en general como infalible, y más allá del Bien y del Mal y
demostrar que los Psiquiatras son seres humanos.

Capitulo 1 : Psiquiatras que se acuestan con pacientes:

En el imaginario colectivo cuando se hace referencia a la figura de un gran psiquiatra, pocos(excepto los propios psiquiatras)piensan en Pinel o Kraepelin ,sino más bien en Sigmund Freud y –algo menos- en Carl Gustav Jung.

Después del gran éxito de la película : "Un método peligroso" , ya no crea polémica el hecho de saber que Freud consumió cocaína o que Jung no tenía empacho alguno en tener relaciones sexuales y amorosas con algunas de sus pacientes ,como Sabine Spielrein y Toni Wolf, de las cuales, la primera se haría Psiquiatra y la segunda analista jungiana.

Resulta significativo que el hecho de acostarse con las pacientes es más común de lo que se cree y está perfectamente documentado en un arco que va de Jung a René Allendy pasando por Otto Rank.

Bien , veamos, esto no quiere decir que sea normal o un hecho habitual que l@s psiquiatras se acuesten con sus pacientes, pero-como venimos de argumentar- es más común de lo que a primera vista pudiera parecer, lo que rompe con la pretendida neutralidad que todo Psiquiatra serio se supone que tiene que desarrollar en su práctica clínica.

Por otra parte, no es menos cierto que también se han documentado casos de psiquiatras que han abusado sexualmente de sus pacientes aprovechándose de su saber y de su poder, pero en general se trata de hechos aislados.

*1.1-.Carl Gustav Jung:

Jung es , a mi juicio, y desde mi propio punto de vista personal,uno de los mejores psiquiatras que ha existido jamás: humano, humanista, científico, "mago",…,¡hay tantos adjetivos favorables para describirlo incidiendo en otras tantas de sus cualidades positivas!....,sin embargo dio muestra de un comportamiento poco ético,al menos visto desde parámetros de ética actuales y políticamente correctos, así como de Deontología Profesional, pues acostarse con pacientes obviamente vulnera flagrantemente el Juramento Hipocrático.

Jung, una vez que su paciente Sabine Spielrein se enamoró de él(tal vez por fenómenos de "transferencia" o por el indudable atractivo del apuesto Jung) mantuvo relaciones con ella.Después de sanada de su dolencia mental de tipo psicótico, Sabine llegó a ser doctora en medicina , psiquiatra y psicoanalista.

Pero no acaban aquí los escarceos amorosos de Jung con sus pacientes femeninas , pues el affaire amoroso más relevante de la vida del genial psiquiatra suizo tuvo lugar con la paciente depresiva también de nacionalidad suiza, Toni Wolf. Tras el análisis de Toni, comenzaron sus relaciones y se hicieron amantes: Toni se convirtió en "la otra " , en su esposa no oficial,mientras Emma Jung era la esposa oficial que soportó estoicamente este triángulo amoroso ,habida cuenta de que Toni se hizo analista jungiana y colaboró estrechamente con Jung en su círculo profesional más íntimo de allegados.

*1.2.-. René Allendy:

El Dr. René Allendy fue un notable psicoanalista ortodoxo francés y también homeópata e interesado en las ciencias ocultas.

Entre su clientela como psicoanalista , figuran célebres escritores como Antonin Artaud y la polémica escritora Anaïs Nin.Allendy y Nin se hicieron amantes.

En el libro de Anaïs que lleva por título : "Incesto", se relatan , entre otras muchas cosas,los encuentros sexuales entre la escritora y Allendy,resultando que simultáneamente a la relación con Allendy , Anaïs se relacionaba con otros hombres y ,además , era una mujer casada.

Es probable que , aparte del notable atractivo físico de Nin,ésta también sedujera a Allendy por su inteligencia y por sus conocimientos de psicoanálisis,materia que ella había estudiado con asiduidad , siendo previamente psicoanalizada por Otto Rank.

*1.3.-.Otto Rank:

El célebre Otto Rank autor de la obra : "el trauma del nacimiento", psicoanalizó a Henry Miller , escritor norteamericano y a su amante Anaïs Nin , quien se convertiría a su vez en amante de Rank por un breve período de tiempo.

La influencia de Rank sobre Anaïs fue ciertamente muy grande.

Capítulo 2: Psiquiatras que padecen enfermedad mental:

Pues sí,en la prestigiosa ciencia de la Psiquiatría también se cumple el castizo refrán de : "en casa del herrero, cuchillo de palo": efectivamente,hay varios psiquiatras célebres que han padecido enfermedad mental,entre los que destacan, la Dra. Sabine Spielrein (ya mencionada en el capítulo anterior)exitosamente curada, el psiquiatra Viktor Kandinsky cuya mente se desintegró y que era pariente del artista famoso con ese apellido,y ya en la actualidad, tenemos a Elyn Saks y a Kay Redfield Jamison: en tanto que profesoras de psiquiatría aunque no estrictamente psiquiatras ambas han conseguido convivir de forma exitosa con su enfermedad.

*2.1.-. Sabine Spielrein:

Sabine Spielrein en el momento en que comenzó a ser tratada por Jung,presentaba perturbaciones cognitivas y emocionales fruto de una complicada infancia,crisis depresivas y acababa de pasar por un episodio psicótico agudo(es decir, un brote esquizofrénico o psicótico) y presentaba trastornos de la afectividad con alternancia de llantos y risas compulsivas,Jung la trató con éxito quedando Sabine competamente curada de sus graves síntomas.

*2.2.-. Elyn Saks:

Elyn Saks es profesora de Psiquiatría,Psicología y Derecho y experta en Derecho en Salud Mental tema sobre el que ha escrito libros.Padeció esquizofrenia y ha sobrevivido al cáncer.

En su autobiografía :"The center cannot hold"(que aún no ha sido traducida al castellano y que fue publicada en 2007) cuenta como , a consecuencia de su enfermedad dejó el autocuidado, no se lavaba ,oía voces que le hablaban contra ella o que le conminaban a matar gente pero finalmente con tratamiento con antipsicóticos logró convivir con la enfermedad(to cope with) y realizar una destacable carrera profesional en el campo de la Psiquiatría.su testimonio es conmovedor.

Capítulo 3 : Psiquiatras que se suicidaron:

*3.1.-. Gaetan Gatian de Clérambault:

El Dr. Clérambault, célebre por estudiar la psicosis erotomaniaca conocida hoy como síndrome de Clérambault ,puso en escena su propia muerte de forma dramática en su mansión y afectado de cataratas se suicida con arma de fuego sentado en su sillón frente a un espejo grande y rodeado de sus maniquíes de cera que le servían para sus trabajos pues también era fotógrafo.

En el libro : "La invención de las enfermedades mentales ",el profesor de Psicopatología Álvarez,realiza una buena semblanza de Clérambault , de sus luces y sus sombras,de su trabajo como un pseudo "Sherlock Holmes" implacable en la Prefectura de Policía de París considerando en no pocas ocasiones a simples delincuentes como enfermos mentales.

Clérambault también fue profesor de Lacan y aunque no valoraba mucho a su alumno el alumno si que valoró a su profesor.

*3.2.-. Viktor Tausk:

Víktor Tausk se hizo médico y psiquiatra a instancias de Freud y tuvo estrechas relaciones de amistas con la famosa musa de los intelectuales de la época, Lou Andreas Salomé.

Se suicidó ,según la Wikipedia, atándose un lazo alrededor de
su cuello y, a continuación , colocándose una pistola en su
sien derecha y disparando, colgándose al caer.

Capítulo 4: Psiquiatras que consumen drogas o que las utilizan como terapia:

Ya hemos comentado previamente que Freud tomó cocaína y además escribió una obra sobre los efectos de dicha sustancia denominada : "Über coca".

El psiquiatra checo Stanislav Grof ,uno de los pioneros de la Psicología Transpersonal y de la investigación con Psiquedélicos ,experimentó en sí mismo y en otros con el LSD-25

El uso del ´termino psiquedélicos , se lo debemos al también psiquiatra Humphry Osmond : para quien ese término significa :"lo que manifiesta el alma".Osmond fue pionero de los usos terapeúticos de los psiquedélicos en la práctica médica como anécdota cabe destacar que le proporcionó mescalina al genial escritor Aldous Huxley, (el autor de la distopía: un mundo feliz) y éste le escribió la siguiente rima: "to make this trivial world sublime,take half a gramm of phanerothyme" y Osmond le contestó: "to fathom hell or soar angelic,just take a pinch of psychedelic".

En la actualidad el gran psiquiatra gestáltico Claudio Naranjo ha publicado este mismo año 2016 un libro en castellano que lleva por título : "exploraciones psicodélicas" que expone el estado de la cuestión de las drogas como psicoterapia.

Capítulo 5: Psiquiatras que se pusieron violentos alguna vez:

*5.1.-. Fritz Perls:

En su simpática autobiografía que lleva por título : "dentro y fuera del tarro de la basura" el psiquiatra gestáltico Fritz Perls nos cuenta lo siguiente de su época en Esalen:

"En cierta oportunidad hubo una chica muy jodida que hizo que dos fulanos se pelearan.Uno de ellos, aparentemente por necesidad de farsantear,se puso a vociferar como un loco e incluso amenazó con matar al otro.cuando llegó a la piscina en que yo estaba , a pesar de mi edad, le di un puñetazo en la nariz.ante mi asombro, se desarmó sin ninguna resistencia y comenzó a llorar.

Pocas veces tengo miedo.un buen psiquiatra tiene que arriesgar su vida si es que quiere lograr algo de verdad.tiene que tomar una posición.Las componendas y el ser servicial no sirven para nada.una persona que luego resultó ser un terapeuta de primera clase,al trabajar conmigo finalmente tuvo una explosión de ira .Se fue encima de mí con una silla en la mano dispuesto a aplastarme.Le dije tranquilamente: "sigue, no más , yo ya he vivido mi vida", y con ello despertó de su trance" "(página 103."Dentro y fuera del tarro de la basura").

Esto nos demuestra y prueba que todo el mundo puede alguna vez perder los estribos o salirse de sus casillas,incluso los psiquiatras.

Capítulo 6 : Psiquiatras "conspiranoicos " y/o pertenecientes a Sociedades Secretas:

En este capítulo vamos a fijarnos en tres célebres psiquiatras: 1-. Maurice Nicoll,que fue discípulo del esoterista Gurdjieff,siendo éste a su vez , fundador de la Escuela esotérica llamada : "Cuarto Camino";2-. Jan Foudraine(Amrito) quien tras ser un antipsiquiatra famoso en Los Países Bajos,se transformó en un seguidor de la secta de Bhagwan Sri Rajnesh en Poona (el posteriormente famosísismo gurú Osho cuyos escritos son conocidos en la actualidad por muchísimas personas y secta que aún cuenta con seguidores llamados Sannyasins) y , por último3-. El psiquiatra italiano Roberto Assagioli que perteneció a dos sociedades secretas : La Teosofía (Sociedad Teosófica) y La Escuela Arcana, esto último debido a su fuerte y estrecha amistad con la gurú occidental Alice Bailey que fue primero teósofa y posteriormente fundadora de La Escuela Arcana.

*6.1.-. Maurice Nicoll:

Fue un psiquiatra ,profesor, escritor y ocultista británico.

En un principio se relacionó con Jung , que tuvo una fuerte influencia en él

En 1920, durante una conferencia, conoce a Ouspensky, un alumno y colega del esoterista Gurdjieff.

En 1921 Maurice Nicoll deja la práctica psiquiátrica y se instala con su esposa e hija en el Instituto para el Desarrollo Harmonioso del Hombre en el Château du Prieuré cerca de Fontainebleau (Francia) donde se convierte en discípulo de Gurdjieff junto con una treintena de personas más ,alguna de las cuales tuvieron cierta notoriedad posteriormente.La vida que se llevaba allí era dirigida por la voluntad férrea de Gurdjieff quien los hacía trabajar por las mañanas hasta la extenuación como jardineros, cocineros,fontaneros,mozos,lavanderas,…,etc. Y las tardes-noches realizaban ejercicios espirituales en lo que se ha dado en llamar "la guerra contra el sueño",pues Gurdjieff pretendía que los seres humanos son como sonámbulos y deben despertar a la vida espiritual y a sus más altas capacidades.

Años después M.Nicoll escribiría una obra en varios tomos ,de la que sí existe edición en castellano, que lleva por título:"Comentarios psicológicos sobre las enseñanzas de Gurdjieff y Ouspensky".

*6.2.-. Jan Foudraine (Amrito):

Jan Foudraine ,posteriormente conocido como Amrito, fue un psiquiatra,antipsiquiatra,psicoterapeuta,escritor y místico seguidor de las enseñanzas del gurú Osho.

Llegó a Poona(Lugar en el que Osho tenía su ashram) desde Holanda,habiendo sido previamente autor del best seller : "not made of Wood" y exdirector en jefe del Velieluveland Psychotherapeutic Centre,reconocido conferenciante y principal crítico del sistema psiquiátrico tradicional de Los Países Bajos.

En su encuentro con Osho, Foudraine sintió que por fin había llegado a casa….. Un par de meses más tarde Foudriane regresa a Holanda , haciéndose llamar Amrito,nombre sánscrito, y vestido con las telas naranjas de los sanyasins: para muchos de sus colegas psiquiatras y de los periodistas , todo ello era intolerable:Reformar la sociedad , eso era aceptable,pero un individuo buscando una reforma radical de sí mismo,eso era demasiado amenazante..Foudraine perdió toda la fama y respeto que le quedaban dentro de la profesión y algunos llegaron a pensar que se había vuelto loco.

A partir de ahí continuó viajando a Poona cada año ,trabajando como psicoterapeuta en Holanda y publicando libros con mucho éxito, ésta vez sobre Osho y sus propias experiencias como discípulo , entre ellos : "Notes of a disciple"(1980),"Osho,Krishnamurti and Jung"(1979),…,etc.

Todo ello está extractado del libro : "De Esalen a Poona: Osho y el camino de la Psicología Humanista-Transpersonal" de Vikraut A. Sentis publicado en 2004.

*6.3,-. Roberto Assagioli:

Influenciado por su madre, que pertenecía a la misma ,el psiquiatra Assagioli frecuentó La Sociedad Teosófica y los círculos teosóficos,donde acabó relacionándose con Alice Bailey,la creadora de la escuela esotérica: Escuela Arcana.Tanto la Teosofía como la Escuela Arcana, estuvieron relacionadas con la masonería y la comasonería.

En su libro: "Autobiografía inacabada" , A. Bailey habla en muy buenos términos del Dr. Assagioli y de su amistad con él.

Assagioli fue el creador de un método terapéutico denominado : Psicosíntesis,que puede ser considerado, sin ningún género de duda , junto con los trabajos de Jung, como base de la denominada en la actualidad ,Psicología Transpersonal.

La idea central del trabajo de Assagioli es que , al igual que en la Psique , existen las profundidades del subsconsciente, también existen las "alturas" de la supraconsciencia,una supraconsciencia que todos podemos llegar a alcanzar practicando las técnicas adecuadas y perseverando en ellas.

Capítulo 7 : Psiquiatras desencantados del modelo médico:

Aunque son muchos los psiquiatras que han acabado desilusionados con el modelo médico de la psiquiatría, aún hoy imperante como el principal modelo terapéutico(aunque en coexistencia con otros enfoques, como el neoconductual, cognitivo-conductual,psicoanalítico,transpersonal,…,etc),una de las figuras que a la postre más ha atacado al modelo médico vigente , a pesar de seguir en él , ha sido , sin duda, el psiquiatra norteamericano Allen Frances.

*7.1.-. Allen Frances:

Allen Frances nació en 1942 en New York: es psiquiatra y profesor emérito de psiquiatría de la Universidad de Duke.

Sus dos escritos más relevantes son: DSM-IV: guía clínica de diagnóstico diferencial (1997) y el libro que ha traido la polémica: "¿Somos todos enfermos mentales?", publicado en 2013.

En este libro : "¿Somos todos enfermos mentales ? " A. Frances lanza críticas muy serias al DSM- V, críticas que deben ser muy tenidas en cuenta dado que él fue un insider en la elaboración de los DSM (los manuales de diagnóstico clínico de la prestigiosa Asociación Psiquiátrica Americana más conocida por sus siglas: APA), es decir, uno de los que participó concretamente en la elaboración del DSM-IV-TR.

Las principales críticas que realiza Allen Frances al DSM,
son la inflación diagnóstica de nuevas categorías
psicopatológicas que acabarán incluyendo a la mayoría de
las personas en alguna categoría de lo que no se considera
salud mental y , por tanto, deben ser tratadas con
medicación psiquiátrica ad hoc , categorías diagnósticas
nuevas que , según Frances , son prácticamente inventadas
para favorecer el negocio de las grandes compañías
farmacéuticas, compañías alguna de las cuales han debido
pagar sumas millonarias como consecuencia de
indemnizaciones, debido a no informar de los efectos
adversos de muchas de las medicaciones psiquiátricas más
conocidas.

Sin duda, lo que Allen Frances pretende, es alertar a las
personal normales, a la APA y a los psiquiatras en general de
que hay que "salvar " a las personas normales de
medicaciones que , en muchas ocasiones no sirven para nada
o incluso son perjudiciales, aunque Frances también advierte
expresamente, que existen trastornos mentales para los
cuales sí que es adecuado el llevarlos con medicación
psiquiátrica.

Este libro de A. Frances al que estamos aludiendo,a mi juicio
debería ser de lectura obligada de todo profesional de la
psiquiatría y de la psicología e incluso de los médicos
generalistas pues también recetan medicación psiquiátrica en
no pocas ocasiones y es que Frances es un experto en
psiquiatría con muy elevadas dosis de sentido común:
"Common sense".

Recomiendo la lectura de este libro encarecidamente.

Capítulo 8 : Psiquiatras revolucionarios de izquierda:

*8.1.-. Otto Gross:

Fue discípulo de Freud y ha sido hasta no hace mucho injustamente olvidado por la psiquiatría y el psicoanálisis.

El padre de Gross , célebre criminólogo, pretendió incapacitarlo, consiguió que lo hospitalizaran y creo que incluso lo desheredó.

Otto Gross fue sin duda un visionario que anticipó una visión racional y no psicopatológica de la homosexualidad, así como de una muy sana igualdad entre los sexos; por su relación con las drogas , fue un pionero de la contracultura, los artistas bohemios y de vanguardia y por sus contactos con los revolucionarios primero con comunistas autoritarios y posteriormente con comunistas libertarios, anticipó en cierta medida lo que dio de sí el movimiento libertario en el pasado siglo XX.

En la editorial Alikornio existe una recopilación de varios escritos clave de este injustamente olvidado autor, recogidos con el sugerente título de . "Más allá de diván: apuntes sobre la psicopatología de la civilización burguesa".

Otto Gross nacido en Ucrania en 1877 fue asistente de Sigmund Freud y uno de los primeros investigadores del psicoanálisis.Doctor en psicopatología por la universidad de Graz,después de una breve experiencia docente y siguiendo la recomendación de Freud,en 1906 se traslada a Munich para trabajar en la clínica psiquiátrica de Kraepelin.en Munich entra en contacto con los círculos de la bohemia revolucionaria, rompe con Freud a causa de la orientación crítica y política que Gross da a la técnica psicoanalítica e inicia una intensa actividad como colaborador de diversas revistas de la vanguardia cultural, especialmente Die Aktion. Perseguido por su padre un influyente personaje del mundo académico vienés .Otto Gross es detenido en Berlín y recluido en un psiquiátrico en Austria. Su amigo Franz Pfemfert ,editor de Die Aktion y Franz Jung,emprenden una campaña por su liberación que consiguió un amplio respaldo.Otto Gross tuvo una considerable influencia sobre los artistas y escritores de su generación,entre ellos Franz Kafka quien se inspiró en la detención y encierro de Gross para la redacción de su célebre obra : "el proceso".

Otto Gross expone a lo largo de varios de sus escritos, cómo es la sociedad occidental en que vivimos el germen de las patologías psiquiátricas de las personas al reprimir los impulsos expansivos sanos de los individuos, concretamente en su estudio sobre "los efectos de la colectividad sobre el individuo " dice textualmente así:

"….entre los descubrimientos imperecederos de Nietzsche ,figura el efecto patógeno de la sociedad sobre el individuo, gracias a él sabemos que en los individuos sanos existen tendencias expansivas que son objeto de las tendencias represivas de la colectividad".

Influido por Bachofen, sostiene Gross que primero hubo una época paradisíaca primitiva de matriarcado y que posteriormente se vio destruida por el nacimiento de lo que llegaría a ser el actual patriarcado,que se basa sobre el sometimiento y /o la violación de la mujer. Cree Gross que , en todo individuo sano , reside el sentimiento de no violar y de no ser violado.

Por último decir que el genial psiquiatra suizo Carl Gustav Jung comenta que le influyó positivamente Gross en cuanto a establecer la clásica tipología de Jung entre extrovertidos e introvertidos y que ambos se analizaron mutuamente.

*8.2.-. Wilhelm Reich:

Para los psicólogos clínicos W. Reich no necesita presentación, pues fue el primer impulsor de lo que se conoce como psicoterapias corporales o bioenergéticas, posteriormente desarrolladas por otros como A. Lowen .A W. Reich también debemos la famosa terna de Amor – Trabajo-Conocimiento como fuentes primarias de la vida sana del ser humano.

"Reich estudió en Viena y se interesó desde muy joven por la influencia de la sexualidad en la salud, no comprendía la visión moralista de los psiquiatras que veían la sexualidad como algo negativo y perverso cuando no se limitaba a la procreación. Estudió muy a fondo las teorías de Freud, su maestro, estableciendo una relación cada vez más estrecha entre la falta de sexualidad y la enfermedad mental. En 1922 recibió su diploma como Doctor en Medicina, y se puso a trabajar intensamente en los departamentos psiquiátricos, estudiando especialmente la esquizofrenia. Ya en aquel tiempo, llegó a observar que los esquizofrénicos estaban en muchos aspectos más sanos que los psiquiatras. Y cualquiera que llegue a comprender la tremenda crueldad y perversidad de este mundo que hemos creado, se puede imaginar que una persona verdaderamente sana tiene que enloquecer por fuerza en un mundo así y que sólo escapan a la locura total los que ya estamos lo bastante locos como para poder soportarlo".(del libro de Jorge Reyes:" Si este mundo no te gusta….cámbialo").

En una ocasión muy especial descubrió W. Reich que una muchacha sufrió un shock al intentar su novio abrazarla, ésta intentó oponerse al abrazo fogoso colocando su brazo por delante,y el resultado fue una parálisis de ese brazo sin que hubiera daño fisiológico ni de los huesos,ni de los músculos, ni del sistema nervioso.Es decir, que una emoción , el shock,había provocado claramente un trastorno físico: de ahí vendría el concepto de coraza caracterológica que supone contracciones y rigideces en los cuerpos de las personas como consecuencia de la represión de una sana y libre expresión del élan vital(que Reich posteriormente denominaría como energía orgónica) a través de una sexualidad sana y del orgasmo(todo ello aparece en el libro de Reich : "La función del orgasmo" del que existe edición en castellano aunque probablemente tan sólo disponible en

librerías de viejo y de segunda mano) y las frustraciones
acumuladas por las personas en el diario vivir.

Tal y como recoge Wikipedia en español,es muy cierto que ,
para situar la obra de Reich es útil diferenciar en la misma ,
tres etapas: una psicoanalítica con el énfasis en la sexualidad,
otra freudomarxista que es la que nos interesa pues Reich
fue un revolucionario y es en esta etapa en la que se pone el
énfasis en la represión que la sociedad lleva a cabo sobre los
individuos y que para Reich , sólo será posible eliminarla
cuando las condiciones objetivas cambien,esto es , habría
que operar sobre la realidad social de forma revolucionaria
para transformar la sociedad y su pernicioso efecto sobre el
bienestar individual.Reich también trabajó mucho
difundiendo el uso de preservativos como profilaxis para
enfermedades venéreas y embarazos no deseados, asimismo
criticó el incipiente fascismo en sus libros : "Escucha
hombrecito" y "La psicología de masas del fascismo" y el
deseo de sumisión que nace en la etapa infantil y que lleva a
buscar un padre en el partido político como salvación de la
nación o de la raza.

Su última etapa la de la investigación de la energía orgónica
es la más controvertida en la vida de este genial psiquiatra
pues le valió la cárcel donde murió un día antes de apelar su
sentencia y su diagnóstico de Esquizofrenia Delirante,pero,
que Reich en la última parte de su vida creyese en la energía
orgónica no debe patologizarse , pues de ese modo lo
mismo deberíamos hacer con respecto a las creencias
religiosas , por ejemplo , desde un punto de vista
estrictamente psiquiátrico ,Jesucristo sería un poco

esquizofrénico puesto que hablaba con su Padre que estaba en los cielos y éste le respondía ;pero por esa regla de tres ,tendríamos que considerar como enfermos mentales a los millones de creyentes practicantes de cualquier religión actual o pretérita,lo mismo deberíamos hacer con la "creencia " en ovnis y extraterrestres y resulta que hay al menos dos psiquiatras que han trabajado acerca de los ovnis: 1-. Carl Gustav Jung que escribió un libro sobre ovnis titulado : "Sobre cosas que se ven en el cielo " y 2-. John E. Mack psiquiatra norteamericano que trabajó con las abducciones por extraterrestres y que , según los "cosnpiranoicos", no es casualidad que muriese en accidente de coche cuando en cierta conferencia iba a desvelar aspectos clave acerca de estas cuestiones que a algunos incluso les pueden mover a hilaridad. Asimismo, los psiquiatras que han tratado el tema de las ECM:"Las Experiencia Cercanas a la Muerte" o NDE (Near Death Experiences) también deberían ser considerados como esquizofrénicos entre ellos Raymond Moody o la célebre y genial psiquiatra suiza la ya fallecida Elisabeth Kübler-Ross ,sin embargo , también habría que tildar de "locos " a los ocho millones de norteamericanos que , según las célebres encuestas Gallup han pasado por una de tales experiencias.

En realidad, a día de hoy, existen terapeutas reichianos en muchos países que , con mayor o menor éxito tratan de seguir los pasos del maestro en cuanto a psicoterapia se refiere: por ejemplo, en nuestro país España , existe la

Fundación Wilhelm Reich y la Escuela de Terapia Reichiana(ESTER).

*8.3.-.Frantz Fanon:

Frantz Fanon fue un psiquiatra,revolucionario y escritor de color, de la Martinica(una colonia francesa) ,que destacó sobre todo por sus posturas anticolonialistas y marxistas, así como por sus acercamientos socioculturales en la terapia a las posturas teóricas y prácticas de la llamada Psiquiatría Institucional francesa en la que se formó.

Frantz Fanon participó como combatiente valeroso en la Segunda Guerra mundial en el ejército francés, sin embargo , de regreso del frente , sufrió racismo por su origen y su color de piel.

Posteriormente se hizo médico y psiquiatra en Francia y comenzó a ejercer bajo la supervisión del psiquiatra catalán Tosquelles.

En 1952 publica su conocido libro : "Piel negra , máscaras blancas" en el que sostiene que los hombres de color y todos los colonizados en general , asumen la cultura de los conquistadores y se ven a sí mismos como inferiores a la vez que pierden los puntos de referencia de su propia cultura.

A partir de 1954 Fanon se radicaliza y se hace miembro del Frente de Liberación Argelino FLN, llegando , en su momento, a cambiar su nombre por el de Ibrahim y tomando parte muy activa en dicho movimiento. Sus escritos de esta época fueron recopilados póstumamente y recogidos en un libro titulado : "Por la revolución africana" del que existe edición en castellano.

Otro libro de Fanon que ha tenido mucha repercusión en el mundo intelectual con posterioridad a su muerte fue : "los condenados de la Tierra",traducido también al castellano y que comienza con las conocidas palabras del himno de la internacional: este revolucionario libro postula la emancipación de los pueblos oprimidos sin excluir la violencia como medio de liberación y pone de manifiesto cómo los pueblos al irse emancipando de su yugo,van de nuevo desarrollando una cultura propia frente a la de los dominadores que los colonizaron.

Capítulo 9 : Psiquiatras "rojos":

 Aunque ha habido muchos psiquiatras afines a las ideologías de izquierdas , en nuestro país cabe destacar dos psiquiatras célebres españoles del Siglo XX   que han sido muy, muy de izquierdas, me refiero a Castilla del Pino y a González Duro .

Por resumir voy a realizar sólo la reseña de Castilla del Pino puesto que González Duro aún vive y sigue publicando libros y no ha mucho que ha publicado sus memorias que llevan por título : "Memorias de un psiquiatra insobornable" y que están disponibles en portales de internet como amazon,en Wikipedia se recogen algunos de los principales hitos de este psiquiatra que además es un prolífico escritor de gran calidad en el ensayo y en las biografías psicológicas.

*9.1.-. Carlos Castillo Del Pino:

Fue un neurólogo,psiquiatra y escritor español de filiación comunista y un gran humanista.

En cuanto neurólogo fue excelente , de la escuela alemana y con una extensa obra en su haber en este campo.

Castilla del Pino fue autor de 21 libros de psiquiatría ,186 monografías neuropsiquiátricas y 6 libros de ensayo.

Debido a su filiación comunista se le negó repetidamente la cátedra de psiquiatría en Córdoba hasta bien entrada la democracia.

Militó en el Partido Comunista hasta 1980 ,en que se afilia al Psoe

Sus últimos años fueron muy duros para él por el suicidio de varios de sus hijos.

Escribió una autobiografía en dos tomos : "Préterito imperfecto" y "Casa del olivo ".

De entre sus escritos destaco   los temas de la sexualidad y la represión y sobre psicoanálisis y marxismo y otra interesante obra :" El delirio : un error necesario"

Capítulo 10 : Psiquiatras pertenecientes al colectivo LGTB:

Ha habido varios psiquiatras LGTB célebres: Fritz Klein, Richard Pillard y especialmente por su trascendencia John E Fryer.

*10.1.-. John E Fryer:

Fue un psiquiatra norteamericano y activista de los derechos de los gays que es principalmente conocido por su discurso anónimo en la conferencia anual de 1972 de la APA: American Psychiatric Association donde apareció disfrazado, cubierto con una careta y bajo el nombre de Dr. H Anonymous.Este evento se cita como un factor clave en la decisión de desclasificar la homosexualidad como enfermedad mental en el DSM.

El discurso de Fryer comenzó con las siguientes palabras : "..Soy un homosexual, soy Psiquiatra" y continuó describiendo las vidas de muchos psiquiatras gays de la APA que tenían que ocultar su orientación sexual a sus colegas por miedo a la discriminación.

La homosexualidad fue eliminada del DSM un año después y el discurso de Fryer está considerado como el factor clave que llevó a la comunidad psiquiátrica a llegar a esa decisión de tanta trascendencia.

Capítulo 11: Psiquiatras víctimas de traumas, acoso, encierro,…

Voy a destacar en este apartado a dos célebres psiquiatras judíos : Viktor Frankl y Boris Cyrulnik.

*11.1.-. Viktor Frankl :

Para psicólogos clínicos y psiquiatras Frankl no necesita presentación pues es el autor de la Psicoterapia Existencial a través del método que él denominó Logoterapia.

Viktor Frankl escribió un libro imprescindible que lleva por título : "El hombre en busca de sentido" en él nos narra sus vivencias en un campo de concentración nazi y cómo encontró una motivación para sobrellevar tamaña barbarie y poder soportar todas las atrocidades hasta su liberación porque tenía un porqué para vivir y como Nietzsche dijo : "quien tiene un porqué para vivir soportará todos los cómos"

Viktor Frankl da muchísima importancia a buscarle un sentido a la vida y a la presencia ignorada de Dios.

*11.2.-. Boris Cyrulnik:

Boris Cyrulnik es judío: sus padres fueron deportados y murieron y para evitar la deportación dejaron al pequeño Boris al cuidado de alguna gente pero pasó una infancia muy desgraciada . pero, como él mismo dice en su libro :"Los patitos feos " una infancia muy desgraciada no determina que el resto de la vida tenga que seguir siendo así.

Boris Cyrulnik se ha dedicado a estudiar la resiliencia, las características de las personas psicológicamente resilientes a los golpes de la vida , que no se quiebran ante las adversidades.

Capítulo 12: Psiquiatras Activistas de Derechos Humanos:

*12.1.-. Diana Kordon:

Esta psiquiatra viene desarrollando una posición muy fuerte en la Argentina de hoy como activista por los Derechos Humanos y ayudando a víctimas de la represión política a través de asociaciones ad hoc.

Ha trabajado de forma académica temas como los efectos psicológicos de la impunidad y de la represión.

De entre sus escritos destacamos:

-."Efectos psicológicos de la represión política"

-."La impunidad : una perspectiva social y clínica"

-."Sur,dictadura y después".

*12.2-.Jean Shinoda Bolen:

Esta psiquiatra de orientación jungiana se ha destacado como activista por los derechos de la mujer, por ejemplo en su libro : "el nuevo movimiento global de las mujeres".

También es preciso comentar su preocupación por la Ecología , a este respecto ha publicado un libro titulado "Sabia como un árbol " que , como el anteriormente

mencionado está disponible en castellano,libro en el que nos
ilustra acerca de temas como la reforestación y otras
alternativas ecológicas viables y trata de concienciarnos
acerca de esas maravillas de la naturaleza que son los árboles.

Capítulo 13: Psiquiatras pioneros en dispensar trato humano a sus pacientes:

Aunque han sido muchos los psiquiatras que se han propuesto y en gran medida conseguido ,el dar un trato más humano a sus pacientes, aquí vamos a destacar los que han supuesto hitos revolucionarios-desde nuestro punto de vista-en el trato humano a los pacientes mentales:

Consideraremos al médico alienista Philippe Pinel, a la psiquiatra Nise Da Silveira, al piquiatra Roberto Freire y al psiquiatra Franco Basaglia a quien dedicaremos otro capítulo.

*13.1.-. Philippe Pinel:

Fue quien desencadenó a "los locos" lo que supuso ciertamente una gran revolución y tuvo no poca trascendencia y gran influencia en la Psiquiatría posterior:

Pinel propugnó la humanización del trato que se daba a los enfermos mentales institucionalizados,eliminando , como primera medida , su encadenamiento a las paredes.consideraba posible la recuperación mental de un amplio grupo de los "alienados" (así se llamaba por entonces a los enfermos mentales) a partir del tratamiento moral.

Su trabajo en el sentido que venimos de comentar comenzó en 1793 en el manicomio de Bicêtre donde basándose en las prácticas de Jean –Baptiste Pussin, quien propugnaba el tratamiento moral de los locos,recurriendo con fines terapéuticos a la parte de su razón que no estuviera perturbada(Pussin era una persona caritativa y benévola para con los enfermos,de voluntad enérgica y un excelente observador,cualidades todas que concurrían también en Pinel)

Caundo Pinel llevaba poco tiempo en Bicêtre decidió reformar la manera de tratar a los internos,pidiendo autorización para suprimir el uso de cadenas.Los celadores se mostraron reticentes y la autorización no le fue concedida durante el período llamado del Terror en La Revolución francesa, pero terminó por conseguirla de un tal Couthon.Posteriormente en el hospital de La Salpetriere Pinel aplicaría las mismas medidas del tratamiento moral.

*13.2.-. Nise Da Silveira:

Esta psiquiatra de orientación junguiana se dedicó a fomentar la terapia ocupacional con talleres de pintura y modelado con la intención de posibilitar que los enfermos mentales pudieran recuperar sus vínculos con la realidad a través de dar rienda suelta a su creatividad.

También consideró la importancia terapeútica de los animales de compañía como los gatos.

*13.3.-. Roberto Freire:

Es el padre de la terapia libertaria llamada somaterapia que trabaja a la manera de Reich y Lowen con la supresión de las corazas caracterológicas a través de la capoeira, de abrazos y de otras técnicas y considera el amor y la amistad como vínculos clave para recuperar a sus pacientes.

Freire es partidario de una filosofía vitalista y anarquista .

Capítulo 14 : Psiquiatras expertos en "Autoayuda"

En este capítulo nos vamos a referir a dos psiquiatras latinoamericanos : el brasileño Augusto Cury y el argentino Jorge Bucay.

*14.1.-. Augusto Cury:

Es un medico,psiquiatra,psicoterapeuta y escritor de autoayuda brasileño nacido en 1958 y en ejercicio desde 1981.

Ha vendido millones de ejemplares de sus muchos libros especialmente en Brasil y Portugal , pero tambíen en España.

De entre sus libros destacamos:

1-. "Nunca renuncies a tus sueños": es un libro clásico de autoayuda al estilo de los clásicos antiguos del Dr. Marden con profusión de ejemplos de personalidades como Abraham Lincoln que tuvieron que soportar muchos fracasos pero que no cejaron en su empeño de conseguir el éxito y lo consiguieron.

2-. "Análisis de la inteligencia de Cristo": en él nos cuenta como Jesucristo tomó muchas elecciones inteligentes como por ejemplo a la hora de escoger a unos discípulos determinados que le sirvieran para propagar su mensaje.

3-. "Tú eres insustituible": se trata de que cada persona se valore y refuerce su autoestima pues en cierta medida , todos somos únicos.

Las ideas educativas de Cury se han adaptado como cursos de posgrado en unas 15 universidades de Brasil.

Dirige la Academia de Inteligencia en el interior rural del Estado de Sao Paulo ,un centro académico sobre psicología preventiva para maestros y profesionales de la salud mental.

*14.2.-. Jorge Bucay :

Este psiquiatra y psicoterapeuta argentino, de orientación gestáltica ,se formó tanto en Argentina como en Estados unidos, dirige la revista : "Mente sana" y es un prolífico,reconocido y famoso autor de varios libros de autoayuda en general en forma de recopilación de pequeños cuentos que transmiten enseñanzas acerca de la vida misma,cuentos que ayudan a pensar: uno de sus libros más famosos : "Déjame que te cuente " son anécdotas sobre la vida que le cuenta a su hijo Demián quien posteriormente también se haría psiquiatra y pasa consulta psicoterapéutica por internet :Demian Bucay.

Capítulo 15: Psiquiatras expertos en mobbing, acoso moral y laboral:

En este capítulo tan sólo vamos a hacernos eco de la psiquiatra francesa Marie France Hirigoyen

*15.1.-. Marie France Hirigoyen:

Marie France estudió en EEUU la especialidad de Victimología,una rama de la criminología que analiza las secuelas psíquicas en las personas que han sufrido atentados o agresiones diversas.También trabajó con el FBI sobre asesinos en serie lo que después le serviría para reconocer el perfil de un tipo psicológico,el perverso, que podría considerarse un pariente cercano del acosador.

Afirma Hirigoyen que le resultó muy curioso comprobar la gran cantidad de pacientes afectados por depresión a causa de una situación de acoso,pacientes que se sentían destruidos por alguien,uno de sus primeros pacientes -acosado de forma perversa en el trabajo- termino suicidándose.

Hirigoyen afirma que el proceso de acoso psicológico y moral puede producirse tanto en la pareja , en la familia , como en el mundo del trabajo y la empresa (no debemos olvidar que también en la escuela , añado yo, no hay más que prestar atención a la epidemia del bullying que ha llevado a niños al suicidio incluso en nuestro país).

Hirigoyen toma partido por las víctimas de este gravísimo problema social y sugiere algunas formas de terapia con ellas.

Capítulo 16: Psiquiatras pioneros de la Desinstitucionalización:

El primer psiquiatra que comenzó con el movimiento antimanicomial en todo el mundo fue el italiano Franco Basaglia.

Aunque hemos leído "La institución negada" y algunos otros de sus trabajos, vamos a seguir a la Wikipedia en este capítulo para corroborar que no nos sacamos de la manga las trascendentales afirmaciones que vamos a exponer.

*16.1.-. Franco Basaglia:

 En 1961 interrumpe su Carrera académica y se traslada a Gorizia,donde asumió la dirección del hospital psiquiátrico local. Al descubrir el tratamiento carcelario que recibían sus pacientes internos y los dolorosos procedimientos de muy dudosa eficacia a los que eran sometidos afianzó su compromiso con la democratización de la psiquiatría,la humanización de sus métodos y procedimientos.Los desarrollos de Maxwell Jones acerca de las comunidades terapeúticas,tuvieron influencia en su concepción de la locura , que, para Basaglia era una enfermedad resultante de la marginación económica.La psiquiatría académica,sus progresivos avances teóricos en psicopatología e incluso la práctica en las clínicas universitarias en Italia,se encontraban completamente divorciadas de la realidad de los manicomios,los asilos para alienados y otras instituciones de encierro similares.Además estas instituciones estaban en general a cargo de médicos de menor prestigio y de bajo nivel de especialización.

Al llegar Franco Basaglia a Gorizia pronunció un discurso , muy famosos, dirigido al personal del hospital:

"Una persona con enfermedad mental entra en el manicomio como "persona" para convertirse allí en una "cosa".el paciente , en primer lugar , es una persona y como tales deben ser considerados y atendidos(…) Nosotros estamos aquí para olvidarnos de que somos psiquiatras y para recordar que somos personas.

Más tarde se trasladó a Trieste,también como director del hospital y realizó allí muchas reformas.estableció talleres creativos, actividades artísticas,cooperativas de pacientes para la venta de productos de manufactura propia,pero también organizó trabajos de aseo, manutención o asistencia aotros dentro del hospital,remunerados,para facilitarles a los internos el acceso digno a los recursos financieros.instaló un sistema de hospital abierto,donde por primera vez los pacientes podían salir del manicomio a la calle,a a actividades al aire libre, a sus casas.entregó a los pacientes derecho a voz y a voto para diseñar soluciones y decidir en asamblea diversas cuestiones sobre el manejo y administración del hospital.

Pronto radicalizó su postura: ya no se trataba simplemente de mejorar las condiciones sino directamente de promover la clausura definitiva de todo tipo de institución asilar,para que los pacientes recuperaran la soberanía sobre sus vidas y libertad de acción.A cambio de los manicomios , lo que había que ofrecer , según Basaglia era una red de servicios de ayuda

Basaglia imprimió a su lucha por la libertad de los pacientes psiquiátricos un carácter de lucha política, con objetivos libertarios concretos.buscaba cambios legales precisos e insertó las reivindicaciones de la salud mental en la palestra de la lucha general de la izquierda italiana:la Ley 180 que hasta hoy se conoce como "Ley Basaglia" se aprobó en mayo de 1978 , ley que constituye mundialmente el primer texto legal que establece derechos para las personas con trastornos mentales.Después de tres décadas y a pesar de repetidas controversias,la ley Basaglia continúa vigente en Italia,la ley supuso el incio del proceso de deshospitalización de los trastornos mentales,en la actualidad Italia sigue siendo el país desarrollado con menor número de camas por cuadros psiquiátricos y con la mayor cantidad de centros de intervención social apoyados y sostenidos por el estado,la ley estipula el cierre paulatino de los psiquiátricos y prohíbe abrir nuevos,en los primeros 20 años se eliminaron 90000 camas psiquiátricas y mientras el servicio público mantiene el deber de garantizar los cuidados en el área de salud mental a las personas que los necesiten,los pacientes por ley, tienen derecho a rechazarlos puesto que la ley establece que todo tratamiento debe ser terapeútico y voluntario(existen muy pocas excepciones que están estrictamente delimitadas).

Capítulo 17 : Psiquiatras de la antipsiquiatría:

Junto al Psiquiatra David Cooper y al también psiquiatra R. D. Laing , quien siempre rechazó tal etiqueta , se puede considerar a Thomas Szasz como al padre de la antipsiquiatría.

*17.1.-.Thomas Szasz:

Hay dos libros esenciales de Szasz en los que se exponen sus revolucionarias conclusiones: "El mito de la enfermedad mental" y "La fabricación de la locura", de ambos existe edición en castellano.En "La fabricación de la locura ", Szasz traza un paralelismo entre la Teocracia de siglos pretéritos con su caza de brujas por parte de la Inquisición y la nueva "Caza de Brujas" de todos los que por una u otra razón son considerados como "desviados" y el "Reino de la Farnacracia " en la que los psiquiatras son los nuevos inquisidores, como por ejemplo la situación que ocurrió hasta no hace mucho con los homosexuales: a día de hoy, a las personas LGTB aún se las persigue en muchos países y , aunque el DSM ya abolió hace muchos años la consideración de la homosexualidad como una psicopatología,no hace mucho que las bodas de gays y lesbianas son legales en nuestro país , y , recientemente en 2014 ,lo son ya también en Reino Unido   (como dice Paul Waltzlawick en su libro : "El sentido del sinsentido" , parece que de golpe se "curaron " todos los homosexuales)¨.

El psiquiatra español ya fallecido, López Ibor padre,también hace referencia a Szasz y a la psiquiatría en cuanto al uso criminal de la psiquiatría contra disidentes políticos en su libro : "cómo se fabrica una bruja".

En sus libros Szasz ha tocado todos los temas : desde el suicidio a la esquizofrenia , pasando por lo que el llama el mito de la psicoterapia, tiene también otro interesante libro que lleva por título : "Nuestro Derecho a las drogas" (del que existe edición en castellano en Compactos de Anagrama).

Szasz,psiquiatra él mismo y libertario es un auténtico iconoclasta cuyo caballo de batalla y bestia negra es la psiquiatría oficial.

Capítulo 18 : Psiquiatras de la Postpsiquiatría y de la Psiquiatría Crítica:

Entre ellos destacamos a Sami Timimi y a Joanna Moncrieff , pero vamos a reseñar solamente a Joanna Moncrieff.

*18.1.-. Joanna Moncrieff:

 Es una psiquiatra británica líder del Critical Psychiatry Network(asociación de psiquiatras opuesta al modelo biologista y opuesta a la coacción sobre el paciente) y relacionada también con el Hearing Voices Movement.Es autora del libro : "the myth of the chemical cure" y de numerosos artículos en los que denuncia la influencia negativa de la industria farmacéutica sobre la psiquiatría

Tiene dos libros clave :

"Demedicalizing misery" y "Hablando claro : una introducción a los fármacos psiquiátricos" del que existe edición en castellano en la editorial Herder.

Capítulo 19: Psiquiatras que investigan lo Paranormal, lo Sobrenatural y lo Espiritual:

Podemos establecer varias categorías de psiquiatras relacionados con estas cuestiones:

*19.1-. Psicoanalistas relacionados con lo paranormal:

Jung escribió su tesis sobre los fenómenos ocultos en la que describe como estudió a su prima que era médium.

Sandor Ferenczi, investigó bastante sobre telepatía , escritura automática y otros temas similares y creía recibir comunicaciones telepáticas desde el otro lado del atlántico.

Istvan Hollos llegó a documentar 500 casos de telepatía entre analista y paciente.

*19.2.-. Psiquiatras que han trabajado la Espiritualidad y la _religiosidad:

Entre ellos destacamos a Scott Peck , Sergio Peña y Lillo   y Jan Foudraine .

*19.3.-.Psiquiatras que han investigado el fenómeno ovni:

Tenemos a John E Mack y Berthold E Schwarz

*19.4.-. Psiquiatras que han investigado los fenómenos paranormales :

Han sido numerosos , entre ellos destacamos uno pretérito :
Ferdinando Cazamalli y una de fallecimiento bastante
reciente : Elisabeth Targ que era experta en remote viewing
(visión remota).

*19.5.-.Psiquiatras Transpersonales :

Entre ellos destacamos a Stanislav Grof y a Assagioli.

*19.6.-.Psiquiatras que han estudiado las ECM:

Entre ellos destacamos a Raymond Moody y a Bruce
Greyson.

*19.7.-. Psiquiatras que han investigado la reencarnación:

Entre ellos destacamos a Ian Stevenson.

Capítulo 20 : Psiquiatras fascistas:

Ha habido muchos, recordemos los atroces crímenes de muchos médicos y psiquiatras nazis(como por ejemplo el infanticida Heinrich Gross) y en nuestro país , España ,destaca Antonio Vallejo Nájera quien , en cuanto jefe de los servicios psiquiátricos militares de la dictadura franquista,le fue encargado un estudio que demostrase la inferioridad mental de las personas de ideología marxista ., o sea, que iba en busca del "gen rojo": para corroborar sus hipótesis preconcebidas estudió a 297 brigadistas internacionales presos en Burgos y a 50 presas republicanas: dicho estudio era un dislate.Además de ésto, era partidario de la eugenesia.

El serio psiquiatra D. Enrique Gonzalez Duro tiene un interesante libro que lleva por título : "Los psiquiatras de Franco, los rojos no estaban locos ".

Capítulo 21: Psiquiatras asesinos:

Pues desgraciadamente sí, también los ha habido: recordemos recientemente a Diego Yllanes en España y al forense Leiman Patt en Argentina.

De entre los psiquiatras célebres que han sido grandes asesinos sólo voy a detenerme en dos : Radovan Karazdic y Nidal Malik Hassan.

*21.1.-.Radovan Karazdic:

 Es un expresidente de la República Serbia entre 1992 y 1996, licenciado en psiquiatría y condenado por crímenes de guerra y genocidio en la guerra que asoló a Yugoslavia a finales del siglo XX pasado.

*21.2.-.Nidal Malik Hasan:

Fue un psiquiatra militar del US Army que en la base de Fort Hood (Texas) en 2009,perpetró una masacre, y es que ,como dicen los franceses,:"les psychiatres aussi petent les plombs"(alos psiquiatras también se les va la cabeza).

Epílogo.

 Estamos llegando al final de esta pequeña y modesta obrita en la que sólo hemos plasmado breves apuntes de cada psiquiatra célebre y de cada bloque de casos pues lo que pretendíamos era agrupar en un sólo lugar todos aquellos psiquiatras célebres que se han salido del estrecho cliché del papel del típico psiquiatra en el modelo médico tradicional, ya sea ofreciendo alternativas en tratamientos, modelos terapeúticos,modelos de conducta intachable…,etc., como psiquiatras cuyos detalles vitales eran reprochables por algún motivo.

Se me puede criticar haber hecho uso de la Wikipedia , pero teniendo en cuenta que la Wikipedia ofrece datos objetivos , verificables y contrastables, me ha servido como un punto de apoyo más entre muchos otros para demostrar que las informaciones vertidas en este librito están suficientemente verificadas y contrastadas y , por ende, que no me las saco de la manga.

Bibliografía:

*Capítulo 1:

-."Jung para principiantes" (Maggie Hyde y Michael McGuinness) Era Naciente.

-."Recuerdos , sueños, pensamientos " (Carl Gustav Jung y Aniela Jaffé) Seix Barral.

-. "Incesto " (Anaïs Nin) Siruela , Madrid , 1995.

*Capítulo 2:

-. "The center cannot hold" (Elyn Saks) Hyperion. 2007.

-. "Una mente inquieta "(Kay Redfield Jamison) Tusquets.

*Capítulo 3:

-. "La invención de las enfermedades mentales " (José María Álvarez) Edic. D´Or.

*Capítulo 4:

-. "Sueños de ácido" (Lee y Shlain) Castellarte.

-. "Psiconautas : exploradores de la consciencia"(Juanjo Piñeiro) La liebre de marzo.

-. "Las puertas de la percepción.Cielo e infierno". (Aldous Huxley)

*Capítulo 5 :

-. "Dentro y fuera del tarro de la basura" (Fritz Perls) Cuatro Vientos . Buenos Aires.

*Capítulo 6:

-.¨Comentarios psicológicos sobre las enseñanzas de Gurdjieff y Ouspensky " (M. Nicoll).

-."Psicosíntesis – Ser Transpersonal" (Roberto Assagioli)

*Capítulo 7 :

-. "¿Somos todos enfermos mentales?" (Allen Frances) Ariel 2014.

*Capítulo 8 :

-. "La función del orgasmo " (W. Reich) Paidós.

-."Más allá del diván : apuntes sobre la psicopatología de la civilización burguesa"(Otto Gross) Ed. Alikornio.

-."Por la revolución africana " (F. Fanon) Fondo de cultura Económica. México.

-."Los condenados de la Tierra " (F. Fanon) Fondo de Cultura Económica.

-."Piel negra , máscaras blancas" (F. Fanon). Ed. Abraxas . Buenos Aires.

*Capítulo 9 :

-. "Psicoanálisis y marxismo " (Carlos Castilla Del Pino) Alianza Editorial.

-. "Los psiquiatras de Franco : los rojos no estaban locos "(Enrique Gonzalez Duro) Penísula 2008

*Capítulo 11 :

-. "El hombre en busca de sentido " (Viktor Frankl) Herder.

-."Psicoanálisis y Existencialismo" (Viktor Frankl) fondo de Cultura Económica.

-. "El amor que nos cura " (Boris Cyrulnik) RBA.

-. "Los patitos feos " (Boris Cyrulnik) GEDISA, Barcelona.

*Capítulo 12:

-. "Efectos psicológicos de la represión política" (Diana Kordon y otros) Ed. Sudamericana- Planeta Argentina.

-."La impunidad : una perspectiva social y clínica".(Diana Kordon y cols).Ed. sudamericana Buenos Aires 1995.

-."El nuevo movimiento global de las mujeres " (Jean Shinoda Bolen) Kairós.

-."Sabia como un árbol" (Jean Shinoda Bolen) Kairós.

*Capítulo 13:

-. "Soma : terapia libertaria " (Roberto Freire y Joao Da Mata) Edic. Urgentes . Barcelona 2004.

*Capítulo 14:

-."Déjame que te cuente " (Jorge Bucay).

-. "tú eres insustituible " (A. Cury) Edaf.

-."El vendedor de sueños "(Augusto Cury) booket.

*Capítulo 15 :

-."El acoso moral"(Marie France Hirigoyen).Paidós.

*Capítulo 16:

-."La institución negada " (Franco Basaglia) Seix Barral, 1972.

-. "Los crímenes de la paz"(Franco Basaglia y otros) Siglo XXI.

*Capítulo 17 :

-."La fabricación de la locura"(Thomas Szasz). Ed. Kairós. Bareclona.

-. "Nuestro derecho a las drogas" (Thomas Szasz).Compactos Anagrama . 2001.

*Capítulo 18:

-."Hablando claro : una introducción a los fármacos psiquiátricos " (Joanna Moncrieff) Herder.

*Capítulo 19:

-."La psicología del futuro " (Stanislav Grof) La liebre de marzo.

-."Psychoanalysis and the occult"(Georges Devereux).

Evidentemente, se han manejado muchísimos más libros para la elaboración de este pequeño librito, así como consulta de revistas, documentos , páginas web, Wikipedia,…,recomendamos al lector interesado que investigue por su cuenta , pero con lo presentado en esta sucinta bibliografía ya tiene material para irse haciendo una idea.

Sobre el Autor /Sobre la Obra:

*Sobre el Autor:

Soy Licenciado en Psicología, miembro de laAsociación Transpersonal Iberoamericana, asimismo llevo colaborando desde hace más de 14 años con diversas ong´s como socio, activista, miembro,voluntario,….,etc. entre ellas Amnistía Internacional.

Soy autor de el libro : "La sociedad enferma y demente " publicado en 2014 en esta misma editorial.

*Sobre la obra:

Una breve colección de perfiles inéditos, atípicos, extraordinarios y/o polémicos de psiquiatras célebres de ayer y de hoy.

www.ingramcontent.com/pod-product-compliance
Lightning Source LLC
Chambersburg PA
CBHW071241130726
47998CB00003B/1017